ज़िन्दगी क्या है...

निमिषा

मैं यह पंद्रह कविताओं का छोटा सा संग्रह उन सभी को समर्पित करती हूँ जो इस ज़िन्दगी को झेलते कम और जीते ज्यादा हैं|

यह कवितायें मेरे यार, मेरे प्यार, मेरे माँ बाप के नाम|

क्रम-सूची

पावती (स्वीकृति)   vii

भूमिका   ix

ख़ुदा

1. माँ   3
2. पापा   4
3. ए ख़ुदा   5
4. ए रब   6
5. तपस्या   7

इश्क़

6. इश्क़   11
7. गायब   13
8. मोहब्बत   14
9. याद   15
10. इश्क़ - फिर से?   17

दर्द

11. ऐसा क्यूँ   21
12. कौन है?   22
13. मेरा हिस्सा   23
14. कब तक   24
15. मृत्यु   25

पावती (स्वीकृति)

सबसे पहले तो मैं अपनी अम्मी जान (मुझे अपनी माँ को अम्मी जान बुलाना पसंद है) का शुक्रिया करना चाहती हूँ जिसने मुझे कवितायेँ पढने और लिखने के शौक से रूबरू किया| मेरे पापा का शुक्रिया, मुझपर हमेशा यकीन करने के लिए| और उन सभी का जिन्होंने मुझे कभी अपना हौसला खोने नहीं दिया| और आख़िर में कभी भी हार न मानने के लिए खुद को शुक्रिया|

भूमिका

हर एक कविता मेरे बहुत ही करीब है| इन छोटी छोटी कविताओं के ज़रिये मैं "ज़िन्दगी क्या है" यह खुद भी समझने की कोशिश कर रही हूँ| मैंने इस किताब को तीन अलग अलग हिस्सों में बांटा है और हर एक भाग में महज़ पांच कवितायें रखी हैं| ज़िन्दगी क्या है यह जानने और समझने में तो शायद ही कोई कामयाब हो पाया है मगर मैंने इसके कुछ पहलु पर गौर फरमाया है जैसे - ख़ुदा, इश्क़ और दर्द|

ख़ुदा क्या है, क्यूँ है, उसपर मेरा विश्वास और भरोसा, मेरी नाराजगी और शिकायतें, ख़ुदा से मेरे सवाल, इन सब पर कविताएँ हैं। इश्क़ की मिठास, कड़वेपन और दोस्ती की बात की है। और आखिर में दर्द; हर कोई अपनी ज़िंदगी में किसी न किसी दर्द से गुज़रता है, बस उस दर्द को शब्दों में पिरो कर कविता में ढाला है। उम्मीद है आपको पसंद आएगा।

ख़ुदा

1. माँ

माँ,
सच कहूं तो तुम्हारे जैसा कोई नहीं,
ना उतनी खूबसूरत मैं,
ना तुम्हारे जैसी होशियार मैं,
ना उतनी ताकत मुझमें,
ना उतना प्यार मुझमें,
ना कभी उतने पसीने बहाये मैंने,
ना कभी उतने अश्क बहाये मैंने,
सच कहूं तो तुम्हारे जैसा कोई नहीं,
मां हो तुम मेरी,
पर तुम्हारी जैसी शायद मैं भी नहीं।

2. पापा

वो पहली बार मुझे गोद में उठाना,
वो चेहरे को अपनी अंजुली में भर लेना,
वो आंख से आंसू छलकना,
वो खिलखिला कर मेरा हसना।

पापा मुझे साइकल चलाना सिखा देना,
पकड़े रहना मुझे गिरने मत देना,
किताबों से मेरा कमरा भर देना,
पैसे शायद कम पड़ गये,
ये मुझे कभी पता ना चलने देना।

वो मुझको गणित पढ़ाना,
क्योंकि तुम्हारे सिवा मुझे किसी का गणित समझ नहीं आना,
डांट डांट कर फिर पुचकारना,
प्यार से सबको गले लगाना।

चिल्लाओगे और रुलाओगे भी,
प्यार से फिर हंसाओगे भी,
छोड़ कर मगर जाना नहीं,
तुम्हारे बिना शायद जीवन मुमकिन नहीं।

3. ए ख़ुदा

ख़ुदा से कुछ शिकायत है मुझे
ख़ुदा ने कहा उसे याद कर,
तेरा भला होगा।
दर - बदर फिर मैं भटका,
माथा टेका, घंटी बजाई,
मोम जला कर चादर चढ़ाई।
खुद के लिए दुआ मांगी, क़ुबूल नहीं हुई
खैर यह तो फिर भी मुनासिब है,
पर जब दूसरों के लिए दुआ मांगी,
तब तो क़ुबूल कर लेता तू, ऐ ख़ुदा।
आयत पढ़ने की भी कोई सज़ा देता है क्या?
क्या तेरे दर पर आना छोड़ दूं?
क्या तुझे याद करना छोड़ दूं?
मुस्कुराने की वजह तो मिलती नहीं,
कम से कम दर्द के ज़रिए तो मत बढ़ा।
आज ख़ुदा से कुछ शिकायत है मुझे।

4. ए रब

ऐ रब, तुझे तेरा ही वास्ता,
कहीं उठ ना जाए यकीन,
ऐ ख़ुदा-ना-खासता।
सिर्फ़ एक गुज़ारिश है तुझसे,
मुझे मेरे हिस्से की खुशियां लौटा दे तू
मुझको ख़ुद से ना जुदा कर तू।
कमबख्त ये दूरी बर्दाश्त ना होती,
तूझसे जुदाई अब रास ना होती,
बस एक ख्वाहिश मान ले मेरी,
मुझे मेरे हिस्से की खुशियां लौटा दे, ऐ री।

5. तपस्या

उस अखंड ज्योत का जलना,
हर सोमवार को व्रत रखना,
नौ दिन भी, पूर्णिमा और अमावस्या भी,
निराजल हो कर भी सिर्फ तुझे याद करना।
तेरे आगे माथा टेकना,
तुम्हारे चरणों में अपना सब कुछ रख देना,
हर जगह सिर्फ तुझे खोजना,
आँख बंद करने पर भी सिर्फ तुम्हारा नाम लेना।
गीता भी पढ़ लूँ मैं,
कुरान भी पढ़ लूँ मैं,
क्या ईसू मसीह,
गुरु नानक को भी याद कर लूँ मैं।
कुसूरवार किसे मान लूँ मैं,
नसीब ही बुरा है या खुद मैं,
इतनी तपस्या, प्रार्थना, और अर्चना,
एक जवाब की तो हकदार हूँ मैं।
क्यूँ तुझ पर इतना भरोसा,
क्यूँ तुझ पर इतना विश्वास,
राम, कृष्णा और अल्लाह मेरे,
कोई तो सुन लो मेरी एक आवाज़।
अब तो आस भी मेरी टूट सी रही है,
कैसे करू मैं,
सब्र के फल का इंतज़ार,
एक बार तो अब तू सुन ले मेरी पुकार।

इश्क़

6. इश्क़

इश्क़ क्या है?
जनाब, कितने ही अरसे निकल गये,
इस नाचीज़ सवाल का जवाब ढूंढते ढूंढते।
इश्क़ क्या है?
काश ही कोई उसकी एक परिभाषा छोड़ जाता।
इश्क़ क्या है?
काश ही कोई उस पर एक ख़त लिख जाता।
इश्क़ क्या है?
तुम्हें लगता है, इश्क़ को सिर्फ लफ्ज़ों में बयान कर सकते हैं?
इश्क़ क्या है?
शायद ही कोई होगा जो इसका मतलब जानता हो।
इश्क़ क्या है?
इश्क़, अल्फाज़ है।
इश्क़, आवाज़ है।
इश्क़, अश्क है।
इश्क़, लहू है।
इश्क़, आग है,
जो जल जाए तो राख है।
इश्क़, तपती धूप की,
वो विस्मयी छांव है।
इश्क़, जलते रेगिस्तान में,
ठंडे पानी की मृगतृष्णा है।
इश्क़, आईने में मुस्कुराती वो छवि है।
इश्क़, शुक्रिया है।
इश्क़, इश्क़ में गिरने की प्रक्रिया है।

इश्क़, ढाई अक्षर है प्यार का।
इश्क़, इंतज़ार है उस यार का।
इश्क़, मोहब्बत है,
उसका कोई अंत नहीं।
इश्क़, इबादत है जनाब,
महज़ आशिकी नहीं।

7. गायब

वो गायब भी हुआ यूं,
जैसे,
मोती की माला में से सबसे कीमती मोती गायब हो,
एक सीपी में से उसका मोती गायब हो,
सितार के वो सभी तार गायब हो,
चाबी के गुच्छे में से उस एक ताले की चाबी गायब हो,
मेरी अंगूठी में से उसका हीरा गायब हो,
पूर्णिमा पर उसका चाँद गायब हो,
समुद्र की वो सारी लहरें गायब हो,
सूरज तो है मगर उसकी धूप का सुकून गायब हो,
संगीत तो है पर उस गाने की हर एक धुन गायब हो,
मेरी पसंदीदा शर्ट का वो तीसरा बटन गायब हो,
सौ लाल गुलाब में से एक वो पीला गुलाब गायब हो,
सोती तो हूँ मगर जैसे मेरी नींद गायब हो,
चेहरे पर मुस्कुराहट तो है पर आँखों से वो चमक गायब हो,
इंसान तो हूँ पर शायद मेरी ही छवी गायब हो।

8. मोहब्बत

तुम वो दोस्ती हो और उसकी हसी भी,
तुम वो खुशी हो और उसकी मुस्कुराहट भी,
तुम यार हो और मेरा प्यार भी,
तुम सुकून मेरा और जुनून भी।
सब्र मेरा और सारी फिक्र भी तुम,
मेरी हिम्मत भी और कयामत भी तुम,
मेरी ताकत और मेरी इबादत भी तुम,
मेरी तसल्ली तुम और कुर्बानी भी तुम।
मेरी परसतिश भी तू और ख्वाहिश भी,
मेरी कोशिश भी तू और आज़माइश भी,
मेरी फुर्सत भी तू और जज़्बात भी,
मेरी ज़ात तू और कायनात भी।
तुम वो खूबसूरत ख्वाब हो,
कशिश हो मेरी वो कोशिश हो,
तुम जज़्बा भी और मेरा वो वादा हो,
तुम ज़ख्म भी और मेरा कर्म भी।
मेरी कद्र और मेरा एहसास भी तुम,
मेरा वक्त भी और मेरी कुर्बत भी तुम,
मेरी इजाज़त भी और इनायत भी तुम,
मेरा धर्म, मेरी मोहब्बत हो तुम।

9. याद

दर्पण से टूटी वो शीशे की किर्चियाँ,
कांच का रंग पैर में चुभते ही लाल होना,
मोती की माला का फर्श पर बिखर जाना,
याद है ना?
गुलाब का यूँ मुरझाना,
सूरज का बेवक़्त ढल जाना,
दीये की लौ का बेकारण बुझ जाना,
याद है ना?
अमावस की रात चाँद का इंतज़ार करना,
भीड़ में तुम्हारा हाथ छूट जाना,
सैकड़ों अनजान के बीच तुम्हें खोजना,
याद है ना?
नींद क्या सपनों तक का ना आना,
नैनों में ग़म पर होंठों से मुसकुराना,
खुद को समेटना और फिर टूटने देना,
याद है ना?
छलकते पानी में भी कश्ती का डूबना,
बादल का गरजना पर बिल्कुल ना बरसना,
महल के गलियारे में उसकी आवाज़ का गूंजना,
याद है ना?
मैं... मुझे....
कुछ ना दिखाई दे ना समझ आए,
राह पर किस ओर चलूँ मैं, खुद से दूर या खुद के पास आऊँ मैं।
जैसे समुद्र भी प्यास से मर रहा हो,
जैसे मेघ को बारिश की याद सता रही हो,

जैसे रण को भी धूली की ख्वाहिश हो,
जैसे वक़्त को भी अब फुर्सत न हो,
जैसे प्यार को इज़हार का इंतज़ार हो,
शायद, जैसे इश्क़ को इश्क़ ही कि कमी सी हो गई हो।
क्या तुम्हें कुछ भी याद नहीं?

10. इश्क़ - फिर से?

इश्क़ क्या है?
बताया तो था तुम्हें,
फिर भी पूछते हो इश्क़ क्या है?
आओ आज,
इश्क़ का दूसरा पहलु सुनाती हूँ |
इश्क़ क्या है?
इश्क़, वो काला साया है,
जो समझ ना आये ऐसी माया है|
इश्क़, मुकम्मल हो जाये तो आबाद है,
कामिल ना हो सके तो बर्बाद है|
इश्क़, आग है,
जो जल जाए तो राख है|
इश्क़, वो गहराई है,
अगर फिसले तो क्या कुआँ क्या खाई है|
इश्क़, वो जलन है,
आँख में खटकते कंकड़ की चुभन है|
इश्क़, ऐसी बंदगी है,
जैसे भटके को पानी की तिश्नगी है|
इश्क़, ऐसी वो लगन है,
जैसे मीरा हो गयी मगन है|
इश्क़, ख़ुदा है,
तमाम हुआ नहीं तो, सिर्फ मिट्टी का इक पुतला है|
इश्क़ आयत है,
इश्क़ नफरत है,
इश्क़ इबादत है,

इश्क़ शिकायत है,
इश्क़ रिवायत है,
इश्क़ इनायत है,
इश्क़ वो ज़हर है,
रगों में घुल जाए तो क़यामत है।
इश्क़, वो गृहणा है,
खूबसूरती से इर्ष्या है।
इश्क़, लाल नहीं,
लाल रंग है खून का।
इश्क़, वो फ़ितूर है,
दीवार में चुन जाऊँ, फिर भी सुकून है।
इश्क़, मेरा बेहद इस क़दर है,
जैसे सवार कोई जूनून है,
इश्क़, मेरा पागलपन है यूँ,
कि क्या लहू और क्या मृत्यु।

दर्द

11. ऐसा क्यूँ

वो खिलखिलाती चांदनी,
वो मुस्कुराती रोशनी,
वो टिमटिमाते तारे सारे,
वो कुनकुनी सी धूप कोई।

वो चंचल सा आंचल,
वो ख़्वाबों भरी झोली,
वो इश्क़ में डूबा राही,
वो खून का घूंट पीती रागिनी कोई।

मैं भटकता हुआ आ पड़ा इस गली,
वो बैरागी, बेरंगी, बेज़ार सी मुझे ताकते रही,
उसे छूकर समझने की औकात नहीं मेरी,
मैं खोखला ज़हन लिए, अकेला भीड़ में खड़ा,
तू मेरा हाल क्या पूछती है अब, ऐ ज़िन्दगी।

12. कौन है?

दर्द, ज़ख्म, ख़ुशी, ख़ामोशी।
ये खौफ कैसा,
आंखों में नमी जैसा,
पानी तो है, पर गिरता नहीं,
इस चक्षु से अश्क़ बहता नहीं।
क्या है जो सता रहा है तुमको,
काश वो बता पाता मुझको।
हंसती तो हो लेकिन ख़ुश नहीं,
मुस्कुराती तो हो लेकिन बयान नहीं।
क्यों है तू गुमसुम, मायूस मासूम,
इस रुआंसी की है क्या वजह मालूम।
मेरा ज़हन है गवाह,
उसे मान साक्षी,
सिर्फ़ दर्द, ज़ख्म, ख़ुशी, ख़ामोशी।

13. मेरा हिस्सा

इतना दर्द मेरे ही हिस्से क्यूँ?
ऐसा मैंने क्या गुनाह किया,
जो कुछ भी मुझे चाहिए था,
वो सब किसी और ने छीन लिया।
इतना दर्द मेरे ही हिस्से क्यूँ?
क्या मुझे खुशी का हक नहीं?
क्या मुझे हसी का हक नहीं?
क्या मुझे ज़िंदगी का हक नहीं?
इतना दर्द मेरे ही हिस्से क्यूँ?
ना इश्क़ मेरे हिस्से रहा,
ना जुनून मेरे हिस्से, ना सुकून मेरे हिस्से,
यहाँ तक की खुदा ने भी साथ छोड़ दिया।
इतना दर्द मेरे ही हिस्से क्यूँ?
इतना ग़म मुझे ही मिले क्यूँ?
कोई पुराना उधार बाकी है क्या?
मेरे अशकों से कर्ज़ चुकाना है क्या?

14. कब तक

ये आंखें गीली क्यों हैं?
ये होंठ सिले क्यों हैं?
खुशियों से इतने फासले क्यों हैं?
ग़म के इतने सिलसिले क्यों हैं?

उम्मीद किस से करूं?
विश्वास किस पर करूं?
भरोसा ख़ुद पर करूं?
इश्क़ ख़ुदा से करूं?

वो अश्क रुकेंगे कभी?
वो मुस्कानें लौटेंगी कभी?
वो सुकून मिलेगा कभी?
ये दर्द मिटेगा कभी?

15. मृत्यु

आदमी जीता कम और मरता ज़्यादा है,
आदमी हंसता कम और रोता ज़्यादा है,
वह खुश कम और त्रस्त ज़्यादा है,
वह संतुष्ट नहीं सिर्फ नुक्स निकालता है।

उसके लिए तो,
आंसू, मृत्यु है,
बीमारी, मृत्यु है,
दर्द, मृत्यु है,
ज़ख्म, मृत्यु है।

उसके लिए,
तड़पना, मृत्यु है,
भीख मांगना, मृत्यु है,
गिड़गिड़ाना, मृत्यु है,
उदार होना, मृत्यु है।

वह चाहे तो आज मर जाए,
कोई उसे मार दे उसके लिए वह रोए गिड़गिड़ाये।
संघर्ष कर-कर के वह थक गया है,
शायद जीना ही उसके लिए मृत्यु है।

9 7 9 8 8 8 7 0 4 5 5 5 9